LA
QUESTION DU PESSIMISME

PAR

M. Louis DÉPRET,

Lauréat de l'Académie Française.

LILLE,

IMPRIMERIE L. DANEL.

—

1879.

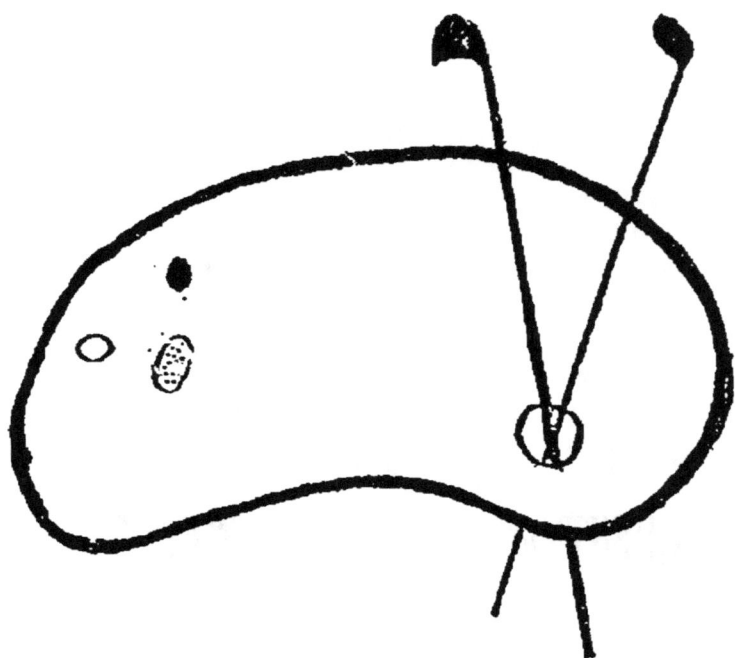

FIN D'UNE SERIE DE DOCUMENTS
EN COULEUR

LA QUESTION DU PESSIMISME.

OUVRAGES DU MÊME AUTEUR.

Contes de mon pays.	1 volume	Hachette.
Silhouettes de villes.	—	Hachette.
Reine Planterose	—	Hachette.
Nouvelles anciennes.	—	Hachette.
Mémoires de n'importe qui.	—	Charpentier.
Le roman de la poupée.	—	Librairie illustrée.
Chez les Anglais.	—	Hachette.

Comme nous sommes. Notes et opinions. 1 volume couronné par l'Académie française (prix de Jouy). Librairie des Bibliophiles. . . . . Jouaust.

LA QUESTION

DU

PESSIMISME

PAR

M. Louis DÉPRET,

Lauréat de l'Académie Française.

LILLE,

IMPRIMERIE L. DANEL.

1879

LA QUESTION DU PESSIMISME

PAR

M. Louis DÉPRET,

Lauréat de l'Académie Française.

I.

La question du pessimisme est à l'ordre du jour, on peut même dire qu'elle est à la mode. Peut-être n'y sera-t-elle plus demain. Hâtons-nous donc de la prendre, tandis qu'elle agit encore, selon l'expression d'un spirituel médecin à propos d'un remède en vogue. D'ailleurs, dans sa forme excessive d'aujourd'hui, dans son paroxysme fatalement transitoire et condamné à un prochain abattement, la question du pessimisme actuel récèle un fond d'*éternelle* actualité... j'emploie l'adjectif au sens propre. Or, les choses d'*éternelle actualité*, chacun de nous le sait bien, s'ajournent volontiers ; on remet sans cesse à y donner son temps et son travail; si l'on en parle, c'est comme par un mouvement machinal des lèvres, et finalement on les négligerait toujours, n'était

(1) Extrait des *Mémoires de la Société des Sciences*, de *l'Agriculture et des Arts de Lille*, année 1879, tome VIII, 4e série.

le coup d'éperon d'une mode extravagante, ou d'un para-
doxe débordant en scandale.

La question du pessimisme touche aux questions de
religion et de politique par leurs points les plus aigus.
C'est vous dire que nous ne l'aborderons pas sous cet
aspect. Ce que nous tairons parlera de soi-même. Assurément non, nous ne toucherons pas à la politique, dans
ses divisions et désignations de partis, ni à aucune confession religieuse... nous n'avons ni le droit ni l'envie de le
faire. Au contraire, nous avons tout-à-fait le droit, et
nous serons peut-être forcé de toucher à la politique
dans son acception générale et philosophique, et à l'âme
des religions.

Je dis « peut-être ». En effet, la question du pessimisme
est suffisamment abondante et suggestive, dans son origine et dans son histoire. Elle offre même à l'historien
littéraire, au psychologue et au moraliste, un champ
assez vaste et assez riche en détours pour réclamer un
fil conducteur.

Une bibliographie immense a déjà été consacrée depuis
vingt ans à la question du pessimisme. On remplirait une
librairie avec les ouvrages intéressants publiés sur ce
sujet, en France, en Angleterre et en Italie. Je ne parle
point de l'Allemagne où le simple catalogue des travaux
sur la question, ne tiendrait pas dans un volume ordinaire. Nous avons été amené à lire la plupart des Anglais
et des Français, et même quelques-uns des autres ; mais
nous vous en parlerons le moins possible, et seulement
lorsqu'il y aura lieu de reconnaitre le talent d'un analyste
où d'un traducteur. Nous rougirions d'un trop facile
étalage d'érudition *livresque*. Nous sommes aussi retenu
par un autre motif que la peur de ce ridicule.

Ce que nous avons en vue aujourd'hui, c'est l'exposition
de la doctrine, l'histoire de la doctrine, son origine et ses
différentes phases, et enfin notre propre sentiment envers
le pessimisme historique et le contemporain.

Lorsqu'il s'agit d'histoire ou d'archéologie, on ne saurait produire trop de documents, ni de trop contradictoires, ni de trop authentiques , ni indiquer trop complètement les sources. Mais lorsqu'il s'agit d'un problème de métaphysique ou de morale, tout l'intérêt est dans la confession franche et indépendante de la conscience personnelle placée vis-à-vis de la destinée humaine.

Cette rapide étude comprendra donc forcément deux parties. Dans la première il sera traité du pessimisme, comme état physiologique de l'être humain, depuis les premiers jours du monde, et du pessimisme envisagé comme système philosophique, et même comme programme social, datant de ces dernières années. Cet exposé sera accompagné, ou plutôt entremêlé d'un récit de la vie et des travaux de Leopardi et de Schopenhauer, les deux fondateurs de *notre* question du pessimisme. Dans la seconde partie, nous examinerons la situation du pessimisme allemand après la mort de Schopenhauer, les travaux de ses successeurs, et particulièrement de M. de Hartmann, sans trop regarder au nombre et même à la diffusion des réflexions morales et littéraires que sollicite un tel sujet.

II

Donc, il s'agit, avec le pessimisme qui va nous occuper, d'un système, d'un programme, dont les adeptes se comptent par milliers, et non plus d'une tournure de caractère et d'un genre d'*humeur*. Ce n'est pas sans intention que nous plaçons ici le mot humeur, pris dans son acception française d'*humour*. On est étonné des sensibles points de rencontre qu'il y a entre ces deux états de l'esprit : L'Humour et le Pessimisme. Certains ont défini l'essence de l'humour : Le sentiment aigu de la disproportion incurable entre les talents et les travaux de l'homme, entre l'homme lui-même et sa destinée. Cette même définition a été appliquée littéralement au pessimisme... et, par une autre coïncidence, le fondateur du pessimisme allemand est le plus grand humouriste du XIXe siècle. Il n'est même devenu célèbre, et il n'a réussi à former une école que par la grâce de l'humour. Par exemple, c'est un humouriste dont l'originalité était faite d'un fond de nature atrabilaire, d'un esprit abondant et imagé, d'une mémoire merveilleuse, et d'un talent non moins rare à profiter de ses lectures, sans que cela se vît... tout de suite. Car à la fin, tout se découvre, surtout le placement trop habile de nos lectures.

Il y aurait une étude instructive à tenter sur les aventures des mots, surtout après leur passage de la langue technique ou philosophique, à ce parler si justement appelé vulgaire. Pour ce qui regarde le mot *Pessimisme*, par exemple, son emploi mondain répond à un tout autre sens que l'acception de l'école et presque à un sens opposé. Le pessimiste, dans l'acception banale et populaire, ne me paraît point exprimer le goût du néant, mais bien plutôt le culte peureux de la vie, par ces appréhensions et ces inquiétudes dont nous le voyons possédé, par ce noir et habituel soupçon que rien n'arrivera de ce qui est bien, de ce q'il aimerait... et que tout arrivera de ce qu'il redoute. Le pessimisme philosophique, lui, conclut froidement, et par raison démonstrative, au négatif du plaisir, au positif de la douleur, *inde* au mal de l'existence, à la folie du vouloir-vivre et au bienfait de l'anéantissement.

Dans une forme plus classique et plus tempérée, chez le grand littérateur qui fut en pessimisme, le devancier immédiat de Schopenhauer, la conclusion était au parfait dédain, à la résignation et à l'indifférence. Or, même dans cette forme très-adoucie et jamais impérative, sur laquelle nous aurons d'ailleurs à faire nos réserves, on ne retrouve rien du timoré, du trembleur pessimisme mondain.

III.

L'espèce humaine peut, suivant la profession, l'opinion politique et la tournure d'esprit du classificateur, se décomposer à l'ordinaire en deux grandes classes. Les termes, variés à l'infini, de ce partage, de cette opposition, se présentent à l'esprit de chacun de nous. Un spirituel anglais divise l'humanité en deux catégories essentielles : les *Prêteurs* et les *Emprunteurs*. Relativement au pessimisme, nous croyons pouvoir, nous, distinguer trois races d'hommes. Veuillez considérer que tous les métiers, toutes les situations de la vie, et presque tous les âges, alimentent ces trois classes.

D'abord, il y a l'innombrable troupeau de ceux qui broutent le long du chemin de la vie, (les heureux peut-être!) sans jamais regarder ni dans les autres, ni dans eux-mêmes... à peine dans leur assiette, et qui meurent comme ils sont nés, l'âme en son état originel de feuille de papier blanc, suivant une image heureuse.

Puis il y en a d'autres — et à ceux-là, le monde doit d'être en joie — qui après un rapide examen de leur propre outillage, sollicités par une force intérieure qui ne s'arrête qu'au tombeau — confondent la vie avec l'activité continuelle, l'activité pour elle-même, si toutefois ce mot a un sens... et qui vont toujours de l'avant, heureux de se mouvoir, d'agir et de produire. Le repos le plus confortable leur serait un supplice auprès du plus dur travail. Ceux-là sont le contraire du doute, et comme la négation de la mort. Ils ne s'expliquent pas, ils s'imposent. J'insiste sur ce point de ma classification, parce qu'il doit entrer plus tard dans la formation d'un argument.

Enfin, il y a ceux chez qui l'examen de ce même outillage individuel, examen trop minutieux, trop questionneur, trop indiscret, aboutit à un résultat tout autre que l'activité. Chez eux, l'abus de *Pourquoi?* et *d'Après?* la sensibilité trop grande aux disproportions entre l'effort et le but, à la fugitivité de la gloire, du bonheur, de la vie même, aux défaites de la vérité et à l'iniquité des jugements humains, produisent, au contraire, l'affaissement et la désespérance des excès de plaisir; on sait qu'il y a l'abus et le mauvais usage de la pensée, de même que celui du corps. Lorsque les découragés, dont je parle, se bornent à ne rien vouloir ni espérer, ils ne font pas de bruit sur la terre. Lorsqu'ils injurient ceux qui vivent et qui espèrent, on les applaudit ou bien on leur ferme sa porte, selon leur position dans le monde et ce que nous pouvons attendre d'eux. Lorsque, tout en savourant eux-mêmes l'existence dans ce qu'elle offre d'appétissant, ils proposent sans rire au genre humain d'en finir avec cette mystification que l'on nomme la vie, alors ils deviennent célèbres, ils créent une école, ils s'appellent les fondateurs du Pessimisme au XIX⁰ siècle, en attendant que l'on ne parle même plus d'eux, ou seulement en raison de leur talent littéraire. Nous venons d'exposer en quelques lignes, sinon l'essence et l'origine, du moins la folie et le ver rongeur du Pessimisme doctrinal, lequel, sous cet aspect de programme, n'a rien à voir avec le Pessimisme moral ou plutôt littéraire, qui est, lui, vieux comme ce vieux monde. Aussi longtemps qu'il demeure renfermé dans le cœur d'un individu, on aurait à peine le droit de ranger parmi les satires de la vie cet état habituel de suspicion, de critique ou de simple indifférence envers la condition d'être humain, attendu que cette humeur mécontente exprime, — soit dit sans plaisanterie, — le seul contentement accessible à certaines natures.

Comment se traduit cette activité naturelle et incessante, propre à la seconde des trois catégories, entre lesquelles nous avons cru pouvoir distribuer le genre humain? Je prends, bien entendu, cette activité au sens le plus général, et dans les résultats les plus collectifs. Hé bien, entre autres résultats de l'ordre collectif, elle se traduit par la création de théories et de systèmes qui viennent recouvrir et décorer, suivant des formes changeantes et de mobiles dessins, la trame plus ou moins résistante et perpétuellement renouvelée, que l'on appelle la vie des sociétés. Après s'être passionné pour certaines de ces formes constamment modifiées, le monde a bientôt fait de reconnaître souvent dans ces nouveautés de vieilles connaissances, il s'indigne, il se moque... et recommence, parce que telle est la loi de notre nature.

Par une bizarrerie qui n'est pas une des choses les moins étonnantes de ces vingt dernières années, le plus récent de ces systèmes, de ces programmes, n'est point du à la seconde des catégories énumérées plus haut, — soit le camp des producteurs et des agissants, — mais à la troisième, dont la doctrine ne nous permettait cependant d'attendre d'elle que le silence et la stérilite. Cette nouveauté se présente à nous, sous le nom de *Pessimisme*. Officiellement, elle reconnaît l'Allemagne pour berceau, pour théâtre de ses évolutions, pour champ de propagande et point de ralliement. J'ai déjà signalé le nombre incalculable des ouvrages de discussion et d'apologie. Du reste, en France même, — disons-le en passant, — le Pessimisme actuel a été l'objet d'une thèse en Sorbonne.

Le premier mouvement chez nous est tout de stupéfaction, à nous voir venir de la victorieuse et omnipotente Allemagne, qui pousse, dans toutes les branches de l'activité humaine son travail profond et fertile, et à voir régner dans son sein, toujours en gestation d'un progrès nouveau, une doctrine portant le nom de Pessimisme. A défaut d'autres raisons, — les raisons prétentieuses, ou chimico-sentimentales que l'on a données tant en France qu'en Angleterre, ne me paraissent point solides, — à défaut d'autres raisons que l'on pourrait demander à la nature des choses et à la marche mystérieuse du monde, il en est une qui relève de l'Histoire littéraire. Ne lui voyons-nous pas enregistrer de nombreux exemples de contraste, de disparate, entre la prépondérance militaire et politique d'une nation, et le caractère de sa philosophie et le rayonnement de sa littérature? C'est au plus fort des hontes de la France, après le traité de 1763, sous une Pompadour, sous un Choiseul qui vend une femme de son nom aux jalousies de la favorite, sous un Louis XV, que la pensée française court le monde, que l'Imitation Française asservit et dégrade positivement l'Allemagne, — lisez Lessing! — et que le vainqueur de Rosbach écrit en français. Par contre, c'est après Iéna que Madame de Staël prêche le culte de l'Allemagne, et que nous faisons nos dieux de Goëthe et de Schiller. C'est après ses effroyables fortunes de 1866 et de 1870 que la triomphante Allemagne convie le monde à sabler cette coupe mortelle et qu'elle l'y invite par son exemple. Je ne tirerai point de ces contrastes, indiqués seulement d'un trait de plume, une autre morale que l'insaisissable contradiction des choses de la vie. Trop peser sur le détail, sur une explication plus ou moins piquante, en si profond et si vaste sujet, conduit à des petitesses risibles, des esprits d'ailleurs distingués.

Avant d'analyser le système, qui, sans avoir encore pénétré dans l'enseignement officiel, compte en Allemagne tout un peuple d'adeptes, et dirige, pour sa part considérable, l'éducation philosophique du pays, nous allons, — suivant l'ordre que nous nous sommes tracé,— rappeler l'historique de la question. L'analyse annoncée, s'y trouvera elle-même tout naturellement comprise.

IV.

Antérieurement à l'année 1860, tout voyageur un peu curieux et informé, qui s'arrêtait dans la charmante ville de Francfort, y rencontrait un objet assez rare. D'abord, il parcourait tout émerveillé ce cercle de villas et de jardins qui donnent l'idée d'un voyage en pays féériques; il visitait la maison de Gœthe, où l'âme respire l'odeur d'un autre siècle ; le Rœmer des vieux Césars germaniques, tout peuplé de Sigismond, de Mathias et de Ferdinand; le Zeil, la rue des Juifs, la maison originaire des Rothschild, la Bourse, l'Aryane de Danneker. Alors, l'œil rassasié, mais l'esprit toujours ouvert, ce voyageur se faisait conduire à l'hôtel d'Angleterre.

A l'hôtel d'Angleterre, notre étranger, pour peu qu'il fût de nationalité soit anglaise, soit française, obtenait facilement de contempler dans sa gloire de Dieu tout neuf, et dans la verve de ses boutades enragées, le philosophe Arthur Schopenhauer, bon vivant qui faisait état de haïr la vie, et qui en disait très-spirituellement le plus de mal possible, tout en l'entretenant avec non moins d'esprit.

Son principal soin fut de mettre à l'abri d'abord de la pauvreté, qu'il tient pour incompatible avec l'indépendance nécessaire au philosophe, puis des épidémies et des mouvements populaires, cette vie tant décriée, qu'il eut l'art de prolonger agréable et prospère jusqu'à l'âge de soixante-douze ans, et que la traîtrise d'un coup d'apoplexie put seule lui ravir. Arthur Schopenhauer s'était engagé à vivre jusqu'à cent ans. Il avait pris son plus vif désir pour une certitude. On ne trouve pas d'ailleurs, à son pessimisme, d'autre raison sérieuse que cette déconvenue.

Arthur Schopenhauer était né à Dantzig en 1788. Son

père, riche négociant, acheteur et collectionneur de
tableaux et d'objets d'art, homme de grande vie, avait
tenu à lui donner le prénom d'Arthur, pour un motif très-
peu romanesque, et seulement parce que ce nom, s'écri-
vant de même dans un grand nombre de langues, est des
meilleurs, comme raison de commerce. Pareille idée ne
serait pas venue à tout le monde, et nous prépare à un courant d'originalité dans le sang de la famille. Les différents
traits qui vont se succéder rapidement, ayant été lancés
dans le monde par les biographes les plus *autorisés*, et
reproduits à l'envi sans contradiction, ont toute l'apparence
d'être véridiques. En 1793, les Schopenhauer quittèrent
Dantzig parce qu'elle avait cessé d'être ville-libre, et ils
allèrent s'établir à Hambourg. Il n'est pas sans intérêt de
remarquer, en passant, que cette famille se défendit toujours (et même avec une insistance dont l'époque ne nous
donne pas le secret) d'être de race Allemande, et que le
philosophe notamment se piqua toujours de nationalité
Hollandaise. L'enfance d'Arthur Schopenhauer fut bal-
lottée entre de fréquents et longs voyages ; nous citerons
seulement comme témoignage à l'appui, le séjour de deux
années qu'il fit au Havre, à peu près comme il venait d'atteindre l'âge de huit ans. Puis vers 1803 il revint à Hambourg et le quitta bientôt, pour s'arrêter successivement
en Suisse, en Allemagne et en Angleterre. Tout jeune
encore il perdit son père qu'il aimait beaucoup et auquel il
garda toujours un souvenir plein de gratitude pour l'indépendance financière dont il lui était redevable. On ne cite
pas cela comme un trait digne d'admiration; mais la
reconnaissance, même envers le père qui nous a légué son
bien, n'est pas non plus un fait si commun. Ce fut la mort
tragique, dit on, de ce père, qui décida, selon nous, du
tour particulier que prit la destinée d'Arthur Schopenhauer. En effet, sans cette mort, le futur philosophe eût
sans doute, par respect filial, et sous l'influence d'une
volonté énergique, poursuivi la carrière du commerce

qu'il détestait instinctivement et dont il fit d'ailleurs l'essai
à Hambourg. Cependant, du vivant même du chef de la
maison, et à l'instigation de madame Johanna Schopenhauer, femme curieuse et dont nous reparlerons, le foyer
ou grandissait le jeune Arthur, bien que maison de commerce, était un centre de littérature, de politique et
d'art. Klopstock y trônait. Schopenhauer le père n'ap-
partenait à ce monde que par son goût pour les tableaux,
tandis que la jeune femme de cet époux mûrissant, la
mondaine et coquette Johanna, chaussait publiquement
des bas-bleus. Les adeptes des nouvelles doctrines sur
l'hérédité pourront puiser des exemples dans cette
famille.

Madame Schopenhauer, devenue veuve, alla s'établir à
Weimar, attirée, n'en doutons point, par le rayonnement
de Gœthe. Elle se vit promptement admise dans le cercle
envié de l'auteur de Werther, et elle tint dans ce voisi-
nage illustre quelque chose comme bureau d'esprit que
nous avons vu railler dans des mémoires du temps. Elle
a écrit un roman dont Gœthe paraît s'ètre occupé, et un
ouvrage d'esthétique sur Van Eyck. Nous avons retrouvé
dans une histoire des peintres brugeois, le nom d'une
madame Schopenhauer, incontestablement la nôtre,
qui prétend annexer à l'Allemagne l'auteur de la châsse
de Sainte-Ursule, le grand Memling lui-même. N'insis-
tons point sur cette thèse caractéristique, mais par trop
étrangère à notre étude.

Gœthe ne s'intéressait pas seulement aux romans de
Johanna, il prit aussi du goût pour l'esprit d'Arthur
Schopenhauer; il trouvait ce jeune homme singulier. Bien
que le fait ne soit relevé dans aucun mémoire, nous
croyons positivement à l'influence de Gœthe sur son jeune
ami, et l'olympienne indifférence de l'un, eut pour nous
son action et sa part dans la philosophie amère de l'autre.
A Weimar, Schopenhauer ne vivait point chez sa mère.
Les habitudes et l'entourage ordinaire de celle-ci (Gœthe

excepté, je suppose) répugnaient sensiblement à celui-là.
L'une, qui tenait d'ailleurs beaucoup à son indépendance,
trouvait l'autre dix fois trop grognon, ombrageux et sauvage pour l'admettre à demeure auprès d'elle. Schopenhauer vivait dans le même désaccord moral avec sa sœur.
C'est à ces antipathies du foyer que l'on a cru pouvoir
faire remonter, parallèlement au système qui couvait déjà
dans cette jeune tête, l'hostilité déclarée du philosophe
contre les femmes. C'est encore durant ce séjour à Weimar
que l'on fixe, grâce à la rencontre d'un orientaliste dont
le nom nous échappe, la première entrée de Boudhisme
Asiatique dans cette cervelle occidentale.

A l'âge de dix-huit ans Schopenhauer eut l'occasion
d'entendre pour la première fois, dans un cours public,
Fichte (1762-1814) qui était alors en possession d'une des
premières gloires de philosophe de l'Allemagne. Il con-
tracta presque sur le champ, pour cette célébrité, au lieu
de l'admiration, un mépris qu'il devait exprimer jusqu'à
l'excès et à l'injustice. Ce mépris énorme, il ne devait
l'atténuer plus tard qu'en le partageant entre Fichte et
Hégel. On peut dire que la haine de Fichte et de Hégel,
et le respect de Kant, nous donnent raison entièrement de
la position prise par Schopenhauer vis-à-vis de la philosophie nationale.

En 1813, il passa à Iéna sa thèse de docteur sur *la
Quadruple racine de la raison suffisante*. Ce ne fut point
pour le réconcilier, du moins comme philosophe, (l'homme
privé était moins farouche, paraît-il) avec le sexe repré-
senté par sa mère. Lorsqu'il offrit à Johanna un exemplaire
de sa thèse sur la quadruple racine, la piquante veuve lui
dit que c'était là un ouvrage pour les apothicaires. Vers
1814, Arthur Schopenhauer alla faire un séjour qui
devait durer trois ans à Dresde, vivant parmi les tableaux
et aussi dans la société élégante et joyeuse de la ville.
En 1816, il publia sa *Théorie des visions et des couleurs*,
inspirée sinon des travaux, du moins des idées de Gœthe.

Enfin, en 1819, parut son fameux ouvrage : *Die Welt als Wille und Worstellung* . *Le monde comme volonté et comme représentation.*

Tout créateur, tout homme de génie, ou simplement tout écrivain renommé tient dans un seul livre, en eût-il publié cent. Celui-ci, écrit dans la vigueur productrice de la jeunesse, fut le livre essentiel qui devait poser un rayon de gloire sur le nom de Schopenhauer, inaugurer une philosophie ou du moins un système, et mettre en mouvement, pendant nombre d'années, les cervelles et les plumes de l'Europe pensante. Ce système a été analysé plusieurs fois et très-bien en français. Le titre de l'ouvrage indique les deux grandes lignes suivant lesquelles il se développe, c'est-à-dire : 1° la prédominance originaire et préexistant à toutes choses, de la *volonté* ou du *vouloir vivre*, (on verra bientôt ce que l'auteur comprend par ce principe de *volonté* et de *vouloir vivre*, et les conclusions qu'il en tire); 2° la théorie du monde envisagé comme phénomène cérébral. Le monde, c'est l'idée qui en est présente à tout être qui vit et se connaît. Ce qu'il y a d'originalité ou de redites dans ce système, qui n'a pas d'ailleurs la prétention d'être neuf en toutes ses parties, ne saurait être fixé en quelques lignes. Ce qui saute aux yeux, comme appartenant *à priori* à Schopenhauer, ce serait cette substitution de la *volonté* à l'*intelligence*, au premier rang des éléments directeurs de la vie de l'univers et de l'humanité. Nous y reviendrons. Quoi qu'il en soit, ce fameux « *Die Welt als Wille und Worstellung* » n'eut pas même, lors de cette première apparition, le bonheur relatif d'une chute. On l'ignora tout-à-fait, et cela pendant vingt ans.

C'est seulement vingt ans après, qu'un succès fort imprévu, dont la robuste confiance du philosophe en son propre génie, n'avait jamais douté, vint, en couronnant . une œuvre ultérieure de Schopenhauer, projeter son

éclat dans l'obscurité d'un passé inconnu, et illumi-
ner rétrospectivement le premier travail, de ce premier
rayon de la gloire, qui ne pouvait plus ici être comparé
aux premiers feux de l'aurore. L'œuvre dédaignée devait
soutenir fièrement ce choc de lumière et se comporter en
œuvre définitive. En effet, malgré de certaines additions,
le fond des idées n'a pas été changé.

Pour se consoler de l'insuccès *complet* de 1819,
Schopenhauer qui avait hérité de son père une agréable
aisance, — en dépit de la légende qui nous montre ledit
père se tuant dans un accès d'inquiétude causé par l'état
de ses affaires, — Schopenhauer fit un voyage en Italie.
Il cédait principalement à l'appel d'un goût très-vif pour
les beaux-arts. Sous cet aspect, il semble avoir hérité
de ses deux auteurs : le négociant, grand acheteur de
marbres et de toiles, et Johanna l'esthéticienne. En
Italie, on dirait qu'il prend à la lettre l'affirmation de
Lady Morgan, à savoir que les plus beaux tableaux de
ce pays ce sont *ses tableaux vivants.* Ainsi qu'à Dresde,
nous disent ses biographes, il y fut très-assidu auprès
des femmes. Un autre biographe, non-seulement cons-
ciencieux, mais d'une minutie impayable, raconte qu'au
moment où Schopenhauer publiait son « *Monde comme
volonté*, etc., » qui est proprement un programme d'ascétisme et de neutralisation du sexe, il lui naissait un
enfant naturel. Ce premier voyage en Italie fut donc tout
consacré à la peinture et aux plaisirs. Le jeune philosophe allemand dut se trouver à Venise presque en
même temps que Lord Byron, dont il serait permis de
le rapprocher, l'un et l'autre ayant été des maîtres du
désenchantement. Le pessimisme philosophique de
Schopenhauer n'est après tout que l'entrée dans la métaphysique du noir romantique qui assombrit Lara,
Werther, René, Olympio et notre Musset.

Dans les notes inspirées par ce voyage en Italie, on en
trouve qui   assent Schopenhauer parmi les maîtres do

l'ingéniosité et de la finesse. Un des introducteurs les plus
en vue de Schopenhauer auprès du public français a
reproduit des observations excellentes sur le caractère
italien, et l'entrée dans une ville étrangère. Je citerai
seulement cet aphorisme où éclate un maître : « Il faut
se comporter avec les chefs-d'œuvre de l'art comme avec
les grands personnages : se tenir simplement devant eux
et attendre qu'ils vous parlent. » Dans les autres œuvres
de Schopenhauer, et notamment dans son œuvre dernière : « *Les Parerga*, » on puiserait à pleines mains de
ces traits de poète et d'humouriste. Le style, — cette
signature de l'*individu* sur le mur du temps, car les
idées sont à *tous*, — le style chez Schopenhauer a une
marque tellement personnelle, que nous l'avons toujours
reconnue sans peine, si habilement qu'on l'eût cousu
dans la trame d'un commentaire ou d'une analyse.

A son retour d'Italie, Shopenhauer essaya de professer
à Berlin. Mais, comme si cela eût été coquetterie de la
Destinée, — qui devait plus tard offrir des foules à cet
isolé. — il se fit autour de la chaire où monta le philosophe un vide comparable au silence qui avait accueilli
son premier livre. Hégel (1770-1831), qu'il devait plus
tard chasser du trône et y remplacer, était alors plein
de prestige encore. Schopenhauer ne devait jamais lui
pardonner d'avoir retardé son triomphe ; il le rendit
responsable d'un effacement oratoire qui était dans la
nature des choses, et il l'engloba dans la haine et les
sarcasmes que lui, Schopenhauer, prodiguait journellement
à Fichte et à Schelling (1775-1854). En 1822, il alla
faire un nouveau séjour en Italie, car on ne saurait
donner le modeste nom de voyage à cette expatriation de
trois ans. Ce n'était pas avec ses droits d'auteur, et
moins encore avec le produit de son enseignement, qu'il
pouvait s'offrir de pareilles excursions. On comprend
qu'il ait ressenti et souvent témoigné une profonde gratitude à M. Schopenhauer père, dont l'héritage lui

permettait de satisfaire ses goûts nomades et artistiques,
et lui avait assuré cette indépendance financière qu'il
tient pour indispensable au philosophe. Au philosophe
pratique? au philosophe de théorie et d'observation? Il
ne s'explique point là-dessus. Au retour de cette longue
absence, Schopenhauer vint reprendre à Berlin son état
de professeur expectant. Ses échecs universitaires de 1821
ne l'avaient point dégoûté de l'ambition de la chaire, ni
même de la ville de Berlin. Par exemple, le choléra de
1831 l'en arracha sans phrases. Schopenhauer, qui avait
toutes les peurs, et qui les poussait toutes jusqu'aux
manies les plus extravagantes, avait une peur du choléra,
auprès de laquelle toutes ses autres peurs étaient ce qu'est
la raison à l'affollement, et le sang-froid à la panique. Le
seul mot de choléra le paralysait d'épouvante. J'en crois
sans peine là-dessus les biographes de Schopenhauer,
car il nous a été donné d'assister, en plein Paris, à des
exemples identiques de ce délire de peur spécial au
choléra, et j'en crois plus volontiers encore l'affirmation
de Schopenhauer lui-même, qui s'appelait cholérophobe
de profession. Il vint alors s'installer à Francfort, où il
devait passer vingt-neuf années, c'est-à-dire toutes celles
qu'il lui restait à vivre, dans les livres, le soin extrême de
son hygiène, les bons repas, les promenades réglées, le
bien boire, le bien fumer, le tout coupé d'un air de flûte
et de la lecture du *Times*, aux mêmes heures chaque jour.
Le reste de son temps, il le passait à étourdir l'auditoire
(cet auditoire qui avait manqué à sa chaire de Berlin et
qui venait le relancer à la table d'hôte de l'*Hôtel d'Angleterre*), d'un cliquetis de boutades, de satires, de paradoxes, d'un esprit enragé et d'une éloquence que l'on ne
saurait comparer à nulle autre. Il vivait heureux et
comfortable, — heureux, autant qu'un si grand poltron
pouvait l'être, — passant du silence de sa bibliothèque et
de la compagnie de son chien au mouvement et au tapage
d'une auberge à la mode, encombrée d'officiers et visitée

souvent par les pèlerins de Hombourg et les touristes des bords du Rhin.

Toutefois, ce rassemblement autour de Schopenhauer, devenu un objet d'admiration et un centre de curiosité, ne s'était point fait de soi-même ; il avait été préparé par divers événements littéraires dont il est bon que nous reprenions le fil, confondu dans la trame même de la vie du philosophe. En 1836, Schopenhauer lança, sans le moindre succès, de Francfort où il végétait tout-à-fait inconnu depuis cinq ans, un nouvel ouvrage intitulé : *De la volonté dans la nature.*

Enfin, en 1839, il eut la bonne inspiration d'envoyer un mémoire à la Société des sciences de Norwège, qui avait mis au concours la question de la liberté. Le mémoire de Schopenhauer, intitulé de la *Liberté de la volonté*, fut couronné et, triomphe rarement mêlé aux victoires académiques, il fit du bruit dans le monde.

On discuta vivement les théories formulées dans ce mémoire, on prit l'habitude de citer l'auteur, qui peut faire dater de 1839 la naissance de sa renommée.

C'est seulement cinq ans après ce coup d'éclat qu'il y eut lieu de publier une nouvelle édition de « *Die Welt als Wille und Worstellung* ». *Le monde comme volonté et comme représentation.* Les disciples commençaient à venir, des disciples tels que Gwinner, qui devait faire de si curieuses études sur le cerveau de Schopenhauer — qu'il appelle la plus forte tête connue, bien plus forte que celles de Schiller, de Talleyrand et même de Napoléon — des disciples tels que Lindner, tels que Frauenstaedt, son futur exécuteur testamentaire, et qui dans ses lettres sur Schopenhauer, devait être le Boswell de ce Johnson. J'estime qu'il fallait une nature portée au dévouement et à l'enthousiasme pour se complaire en la société de cet hypocondriaque et trop égoïste mysogine, si âpre à la curée des louanges de journaux et à la propagande de ses livres, et qui ne devait pas être d'humeur désagréable

2

seulement envers Hegel, Fichte et Schelling. Ses critiques les plus amères étaient contre l'idée de progrès qu'il nie
absolument, contre l'idée de patrie (il appelle le patriotisme la passion des sots) et contre la politique, objet de
toute son horreur. Qu'il lui soit beaucoup pardonné pour
cette dernière et noble haine! La politique n'a jamais été
pour rien et ne sera jamais pour rien dans le succès de
Schopenhauer. C'est pour cela que la philosophie et surtout les belles-lettres l'ont adopté. Il a été aussi toujours
plus qu'indifférent (et il l'a prouvé) à la gloire des armes.
Mais il y a de certaines choses auxquelles il n'est pas
indifférent : la conservation de sa vie, la conservation de
son argent et l'entretien de sa renommée. Il cultive la ré-
clame — ce poison de l'art — avec une intrépidité et une
méthode, qu'ont dépassées seulement plusieurs de nos
grands écrivains. Il lisait tout ce qu'on imprimait sur lui,
tenait compte de la moindre adhésion, en un mot ne laissait
rien se perdre, persuadé que c'est cela qui fait les bonnes
maisons. Il prétendait, avec son beau cynisme national,
« que la critique des journaux et revues est faite, non pas
pour diriger le jugement du public, mais pour attirer
son attention... Aussi, que ce jugement soit bon ou mauvais, il importe peu... attendu que ce jugement périt
et que l'œuvre reste. »

Nous persistons à penser que dans Schopenhauer, le
philosophe est de taille moyenne, tandis que l'écrivain,
l'humoriste, le conversionniste, et aussi et surtout le
poseur et le *mystificateur* sont de premier ordre. C'est en
cette qualité qu'il a pris l'Allemagne.

L'Allemagne qui aime les originaux teintés de brutalité
et d'effronterie, — Wagner lui-même, cette antithèse
vivante de l'esprit, ne l'a point guérie de ce goût bizarre—
l'Allemagne, qui avait ignoré Schopenhauer jusque dans
la quasi vieillesse de celui-ci, fit presque passer Dieu ce
mortel malin. Il a beau dire, ce Schopenhauer, « que les
hommes sont pareils aux hérissons, condamnés à se

piquer s'ils se rapprochent, et à avoir froid s'ils s'éloi
gnent, » il cultive avec des soins jaloux l'opinion des
hommes, et ce travail lui réussit. Depuis Gœthe, pas un
écrivain ne vit venir à lui, de son vivant, autant d'hom-
mages. Les femmes envoyaient des bouquets à cet abolis-
seur « du sexe ». Une femme faisait son portrait ou son
buste. Cet engouement de l'Allemagne ne devait pas
tarder à gagner la France et le reste de l'Europe. Mais
aussi comme le foyer originaire était attisé par de fidèles
mamelouks, dont quelques-uns, disciples d'un certain
talent et de trop de zèle, sont en train de faire craquer la
machine !

Le bonheur dont jouit Schopenhauer pendant ses trente
années de séjour à Francfort ne fut troublé que par l'hor-
rible peur et l'indignation profonde que lui causèrent les
prises d'armes révolutionnaires de 1848-49, dans les rues
paisibles de cette bonne ville.

En mourant, il a légué toute sa fortune aux soldats qui
avaient défendu l'ordre dans ces sanglantes journées, ou
bien à leurs veuves et à leurs orphelins.

D'autre part, il était assur... ...e laisser sous bonne garde
cette renommée à laquelle il attachait tant de prix.

L'enfant naturellement grognon, ombrageux, spirituel,
type assez réussi de l'humouriste tel que nous avons essayé
de le définir, l'enfant que Gœthe lui-même avait daigné
traiter de *difficile à connaître*, l'adolescent grand liseur,
grand reteneur de ce qu'il a lu, l'étudiant curieux de
Gœttingen et de Berlin, l'ancien habitué des amphithéâ-
tres de dissection et des cours de philosophie, était
devenu un vieillard, de l'ancien style, très-soigneux de sa
personne, toujours grand liseur par exemple, et surtout
liseur des Français. Il avait un culte pour notre littérature,
dont il est visiblement l'obligé, surtout envers Montaigne,
Pascal, nos gens du XVIIIᵉ siècle, et à leur tête Chamfort
qu'il a supérieurement reproduit.

« Un véritable Allemand ne peut souffrir les Français,

mais il boit volontiers leurs vins », est un dicton littéraire
de là-bas. Schopenhauer n'était donc pas un véritable
Allemand. D'ailleurs il l'a toujours proclamé avec em-
phase, car il souffrait très-volontiers les Français. J'ignore
ce qu'il pensait de leurs vins, mais il aimait ouvertement
leurs livres. Il renvoie les Allemands à l'école de la clarté,
de l'élégance et de la netteté françaises. Par exemple, il
ne lira pas toujours bien. C'est l'accident ordinaire aux
gens absorbés par leur propre personnalité. J'ai lu, je ne
sais où, qu'il aurait appelé M. Taine — le Taine d'il y a
vingt ans — un cagot !

Parmi les douceurs quotidiennes de cette vie passée
dans le silence de sa bibliothèque et dans les bruits joyeux
de l'Hôtel d'Angleterre qu'il avait transformé en lieu de
pèlerinage européen, il publia à l'âge de soixante-trois
ans ses « *Parerga und Paralipomena* », séries d'essais
destinés au grand public, car il avait soif maintenant
d'autres approbations que celles des auteurs et des philosophes. Entouré du culte de ses disciples, dans cette ado-
ration de soi-même, au murmure flatteur de sa renommée
grandissante, il mourut subitement un beau jour, en s'ha-
billant pour aller dîner.

V.

Depuis cette mort qui remonte à dix-neuf ans, la célébrité de Schopenhauer et les conquêtes de sa philosophie
ont grandi fabuleusement. « *Le monde comme volonté et
comme représentation* », tout en demeurant un succès de
librairie, assez modeste en somme, est devenu une date de
l'histoire européenne. Ce ne sera qu'une mode, une crise,
un des accidents de la maladie universelle qui nous tra-
vaille, mais pour en rester à Schopenhauer, on peut dire
qu'il a marché à pas de géant dans l'opinion des hommes.
Il nous souvient qu'à nos débuts dans la vie littéraire, il y

a une quinzaine d'années, nous eûmes à rendre compte
d'un volume de M. Charles Dollfus, intitulé : *Allemands
et Français*, ou il était question de Schopenhauer.
Ce nom tombait alors chez nous encore dans le vide.
Quel changement depuis ! Que de plumes à l'œuvre ! Un
grand nombre ont vécu tout naturellement sur les travaux
de Frauenstaedt, de Lindner et de Gwinner, dont la biographie a déterminé une explosion d'imitations et d'articles
de critique. En Allemagne, je l'ai dit, il faut renoncer à
compter aussi bien les interprètes que les disciples du
maître. En France, après MM. Foucher de Careil et
Challemel-Lacour, qui tous deux ont vu Schopenhauer à
Francfort, il faut citer MM. Ribot. Caro, J. Soury, Réville,
Bourdeau, etc., parmi les historiens et les critiques de
Schopenhauer. Il a déjà une bibliographie française, on
le voit, et je n'ai pas tout cité, sans parler de l'Italien *de
Sanctis*, et de l'Anglais *James Sully*. Chez nous, ils sont
loin d'être tous au diapason de l'enthousiasme : l'un
appelle Schopenhauer un *boudhiste de table d'hôte*. Un
autre, moins ironique, le traite de « pessimiste misan-
thrope, de sinistre et ridicule athée des tavernes de
Francfort, qui en condamnant la *Volonté* à mort, prétend
détruire l'œuvre de Dieu, de ce Dieu absurde, qui n'est
pour lui qu'une Volonté monstrueuse. »
Disons un mot de cette création de l'esprit de Schopenhauer. Nous venons d'essayer de faire connaître l'auteur.
Dans cet auteur lui-même, la critique moderne s'intéresse démesurément à l'exposé de toutes les relations ima-
ginables entre les circonstances personnelles à l'écrivain
et son œuvre. Ainsi, dans cet auteur, nous avons vu
le fils d'un marchand fastueux, amateur d'arts, esprit
inquiet et brouillé d'ailleurs, et d'une femme beaucoup
plus jeune que son mari, femme de lettres et coquette
d'ailleurs. Voilà pour le côté sauvage et esthétique à la
fois qui dominera dans notre philosophe. L'état d'hostilité
et d'antipathie où il vivra, relativement à sa mère et à sa

sœur, déterminera son animosité universelle contre le sexe, sans parler d'autres raisons d'un ordre privé, et qu'il est permis tout au moins de supposer.

D'autre part, ses déboires professionnels l'ont armé en guerre contre la philosophie officielle ; sa vie, toute de peurs, d'inquiétudes nerveuses, de longues lectures, n'a rien connu des joyeuses audaces et des saines confiances de l'action ; son immense érudition *livresque*, lui permet de jeter à pleines poignées dans le monde, habillées de ses étoffes à lui, les idées qu'il a rencontrées et recueillies un peu partout. Enfin le succès, la vogue, la mode vont *couler* en une attitude définitive la *pose* d'une humeur qui aurait pu changer. J'ai insisté tour-à-tour sur l'attitude, l'humeur et le style, parce que Schopenhauer qui, dans le fond, n'a rien ou presque rien inventé, vivra, s'il doit vivre par l'humeur, le style et l'attitude.

En effet, son système philosophique, d'ailleurs digne d'attention, et tout plein de détails saisissants, n'est, à le bien prendre, que l'envers du vieil optimisme de Leibnitz, selon lequel il suffisait qu'une chose existât pour être bonne.

Cette vue consolante a disparu de la terre, ou, du moins, de la terre allemande.

D'autre part, Kant, l'idole, le maître à penser de Schopenhauer, avait déjà renoncé à constituer l'*Intelligence*, la dépositaire des secrets essentiels, de la force motrice, du nœud vital de notre monde. La voie était donc ouverte à la recherche d'un autre principe de premier ordre ; dans la philosophie nouvelle, ce principe s'appelle *Volonté*, et il passe pour la découverte de Schopenhauer.

L'*Intelligence* ne viendra donc plus désormais qu'au troisième rang, puisque l'intelligence n'*est* que par le moyen d'un corps, lequel corps n'est lui-même que la *volonté* objectivée, ou l'*objectivation* du *vouloir-vivre*.

Dans la philosophie du *Monde envisagé comme volonté et comme représentation*, la *volonté* ou le *vouloir-vivre*

— termes identiques — c'est l'essence et le symbole des forces perpétuellement occupées à créer et à entretenir la vie.

Cette *volonté* ou *vouloir-vivre* produit continuellement le désir, lequel, avant d'être satisfait, est synonyme d'effort ou de douleur, et à peine satisfait, recommence.

Pour Schopenhauer, tout plaisir est négatif, ou du moins ne lui paraît être qu'une interruption, qu'une suspension de nos maux. La douleur seule est positive. Cette vie est un enchaînement d'irrémédiables misères sans consolation sérieuse, sous l'empire abominable de cette *cruelle volonté*, de ce farouche *vouloir vivre*, tyran exécré, dont il serait temps enfin de tromper les calculs odieux.

Comment cela? En arrêtant le cours de la vie, en interrompant par le moyen d'un ascétisme général, la production du corps, le corps où s'objective la volonté, c'est-à-dire la force qui tend à être, à vivre. Voilà réduite à sa formule la plus claire et la plus modérée, le système de Schopenhauer, dégagé de ses longues considérations sur le monde envisagé comme phénomène cérébral, point de vue dont il n'est pas rigoureusement l'inventeur et qui avait été formulé avant lui. Bornons-nous donc à ce programme de désespoir, à cette violente critique de la vie, tracée par un auteur qui ne se refusait rien d'ailleurs des plaisirs de la vie, savourant en gourmet tout ce qu'elle lui offre d'agréable : femmes, argent, étude, musique, conversation, bons repas, liberté, renommée. Les lignes principales de la doctrine pessimiste apparaissent, on l'a dit déjà dans la première édition du *Monde envisagé comme volonté et comme représentation* (1819). L'auteur n'avait pas encore trente ans. En 1844, alors âgé de cinquante-six ans, dans toute la force de son esprit, avec la responsabilité grandissante d'un docteur consulté et d'un chef d'école, il ne changera rien à cette note dominante de sombre satire sur la folie de celui qui veut être consolé du malheur incurable de la vie, sur la nécessité continuelle de l'effort et sur l'union indissoluble de l'effort et de la douleur, sur l'absurdité de la vie, l'inanité de l'espérance, l'inexorable fatalité de misère attachée à l'existence humaine.

Nous éprouvons tous cette misère, tous nous ressentons le grand crime commis envers nous par ce monstre, ce tyran : *La volonté ou le vouloir-vivre*. Nous voudrions secouer ce joug et supprimer cet horizon de menaces suspendu sur une foule de générations innocentes qui ne demandent pas à naître. Qui nous empêche de réaliser cette tentative généreuse ? Quel grand coupable s'y oppose ? Ce grand coupable, c'est la femme, c'est l'amour. Schopenhauer les dépouille brutalement tous deux de cette auréole d'infini, de cette fade et menteuse poésie de bonheur dont les ont décorés les siècles.

La femme, l'amour, ce n'est pas autre chose « que le génie de l'espèce perpétuellement occupé à remplir les vides causés par la mort. » La femme est l'agent, le complice, l'outil perfide du génie de l'espèce. Ce cri de guerre et de haine contre la femme est l'invention favorite de Schopenhauer. Il l'appelle « sa perle », il a même l'air de la préférer à sa fameuse trouvaille de la subordination de l'intelligence à la volonté. Sa verve est toujours allumée contre les femmes, dont les artifices séducteurs, soufflés par le génie de l'espèce, sont venus dissiper le scrupule honnête, mélangé de dégoût, qui portait les hommes à cesser de jeter de nouveaux misérables sur cette misérable terre. Schopenhauer, qui, plus loin, qualifie l'amour d'acte honteux, prétend qu'un ascète sauve plus d'hommes que tous les prodiges de l'apôtre le plus charitable.

Toutes ces idées sont loin d'appartenir en propre au philosophe de la Volonté, et nos Français, depuis Montaigne jusqu'à Chamfort, pourraient revendiquer leurs droits d'auteur sur plusieurs d'entre elles. L'ascétisme lui-même avait déjà été préconisé par nombre d'écoles philosophiques et de doctrines religieuses. Ce n'était pas, il est vrai, dans la vue de déjouer les odieux calculs de la *volonté*, en supprimant son objectivation sans cesse renaissante : l'être vivant. Par exemple, ce qui appartient en propre à Schopenhauer, c'est sa forme vive et sa verve d'humouriste :

« Les femmes, s'écrie-t-il, sont les complices de ce génie perfide de l'espèce. Elles ont accompli une chose merveilleuse, lorsqu'elles ont spiritualisé l'amour. Peut-être c'en était fait de lui et du genre humain. Les hommes fatigués de souffrir, et ne voyant nul moyen de se dérober jamais, eux ni leurs enfants, aux misères qui les accablaient et que la culture leur rendait chaque jour plus sensibles, — (*c'est une autre prétention familière à Schopenhauer, que la douleur étroitement unie à l'effort, lequel est lui-même inséparable de la condition d'être humain, augmente en raison de la supériorité intellectuelle*), — les hommes allaient enfin prendre le chemin du salut en renonçant à l'amour. Les femmes y ont pourvu. C'est alors qu'elles se sont adressées à l'intelligence de l'homme, et que tout ce qu'il y a de spirituel dans l'organisation féminine, elles l'ont consacré à ce jeu qu'elles appellent l'amour. »

Pour Schopenhauer, la poésie de Roméo et de Juliette, ce balcon baigné dans une aurore immortelle, ces mélodies et ces tragédies à jamais gravées dans l'âme humaine, ne sont pas autre chose que le génie de l'espèce, au travail. « Tous les amants sont des traîtres qui, là, dans l'ombre, complotent et cherchent à perpétuer dans le monde, la douleur. »

La verve de Schopenhauer n'est pas moins acérée contre le soi-disant Progrès ; il le traite avec une hauteur de mépris qui fait de sa diatribe une des plus merveilleuses satires que nous ayons rencontrées dans aucune littérature. Mais c'est surtout contre les femmes qu'il charge le plus souvent, et avec la plus étonnante variété d'attaques :

« De toutes les chimères, dit-il, la plus grande est donc celle dont se berce l'amant qui s'imagine trouver le bonheur infini dans son union avec celle qu'il adore, et qui mettrait le feu au monde entier pour l'obtenir. De même la femme va passionnément au devant des déceptions de tout genre et des tortures en se donnant à l'homme qu'elle aime. Tristesse et tourment, voilà l'inévitable conclusion de tout roman réel, et il y a une ironie grandiose dans cette ruse, toujours la même, toujours victorieuse, de la Volonté qui, pour parvenir à ses fins, réussit à faire croire à l'égoïsme individuel qu'il va plonger dans un océan de délices, tandis qu'en réalité, il s'immole sottement à la perpétuation de l'espèce. »

Après la mort de Schopenhauer, les aventures du Pessimisme en Allemagne forment l'un des chapitres les plus intéressants de l'histoire des doctrines philosophiques, à l'époque la plus hostile à la philosophie qui fut jamais. Cependant la logique de notre sujet et l'enchaînement de cet exposé nous forcent précisément à quitter l'Allemagne, à faire un voyage en Italie et à remonter dans le passé. Ce n'est pas seulement l'historique de la question qui nous y amène, c'est aussi de certaines concordances saisissantes, d'où tombe comme un air de mystère et de prodige, sur cette crise cérébrale, — comme on l'a très-justement appelée, — dont la période de gestation et l'épanouissement embrasse un demi-siècle.

VI.

En 1837, mourait à Naples, Giacomo Leopardi, helléniste, philologue et littérateur de premier ordre, mais surtout poète sombre et désenchanté, qui ne fut longtemps connu en France, — et seulement de nom, — que par une poésie d'Alfred de Musset. Musset, toujours inspiré d'ailleurs, ne nous paraît pas avoir pénétré, dans cette occasion, le *vrai* de son sujet. On a depuis écrit en France un certain nombre de travaux sur Leopardi. Aucun d'eux n'est très-répandu. Le nom de Sainte-Beuve donne du crédit, auprès des curieux de littérature, à une étude sur Leopardi, intercalée dans les portraits contemporains. Mais, en somme, Leopardi devait rester et restera pour nous le héros de quelques stances de Musset. Cependant, il est incontestable que le nom de Leopardi a été prononcé de toutes parts au premier éveil sérieux de la question du Pessimisme, et que ce nom a été associé à celui de Schopenhauer. Cela vaudra et a déjà valu, au poète italien, un retour ou un détour, — comme vous l'aimerez mieux, — de l'opinion sur son compte.

Au fond, je crois que notre siége est fait, et d'ailleurs ce n'est point lorsque tant de noms, d'événements et de visages nous sollicitent, que, pour un rimeur noyé d'amertume, nous allons remanier nos classifications. Leopardi, je le crois, restera pour nous le *brave homme*, l'auteur du *livre ferme et franc*, celui qui *goûta enfin le charme de la mort*. Les biographes les plus autorisés de Leopardi le présentent comme un homme maladif, contrefait, malheureux dans ses travaux, dans sa santé, dans ses amours, qui se désintéresse de la vie et nie le bonheur sous toutes ses formes, pour ne l'avoir rencontré dans aucune. Particularité bizarre, on le vit passer brusquement de la foi religieuse à l'incrédulité la plus absolue, dans le même temps que par un renversement des lois ordinaires de l'inspiration, il délaissait les travaux de critique et de philologie pour la composition poétique, où il devait acquérir la célébrité. Au total, l'amer et désolé Léopardi ne ressemble point au prospère Schopenhauer, qui laissait avec sérénité faire son buste par une de ces femmes contre lesquelles il prétendait soulever l'univers. Schopenhauer, dans ses plus paradoxales invectives, est un génie encore plaisant, quelque chose comme l'envers de la monnaie d'un Rabelais. Dans les plus fausses rumeurs, on finit souvent par retrouver un germe de vérité qui a mal poussé ; de même dans les plus surprenantes vogues, — telles que celle de Schopenhauer, par exemple, — on retrouve un talent personnel en communication directe avec une des pointes de l'instint humain. Tel fut le cas de Schopenhauer, lequel est personnellement un démenti à cette malédiction contre la vie qu'il lance au nom de l'humanité.

Nul n'aime à se dire content de sa fortune, presque tout le monde trouve son lot en disproportion avec ses talents, et le cadre de l'existence humaine trop étroit pour ses anciens rêves. Cette disposition de notre nature est aussi ancienne que notre première joie trompée et que la soif de notre cœur. Léopardi et Schopenhauer ont, les premiers, *méthodisé* ces boutades et mis en code ce désenchantement. C'est pour cela qu'on a réuni leurs noms et fait d'eux les pères du Pessimisme moderne. Il y a cette différence, toutefois, que Léopardi ne procède point à la façon, en quelque sorte mystique, de Schopenhauer. Il n'établit pas, au centre de notre monde, une volonté monstrueuse, principe et source éternels de nos incurables maux ; il procède par éliminations et négations, envers ce qu'il appelle les *trois stades* du bonheur humain, rigoureux classement dont il est l'auteur. Aussi profondément et aussi loin que l'on pousse la recherche du bonheur, le bonheur se présente à nous sous trois formes possibles, et l'on n'en saurait même imaginer une quatrième. Les uns prétendent poursuivre et quelquefois trouver le bonheur dans l'activité intellectuelle ou physique, et si l'on peut dire, dans le mobilier et l'outillage du monde organisé, tel qu'il l'est présentement autour d'eux et à leur usage. Une autre catégorie très-nombreuse d'humains, paraissent nier le bonheur en ce monde, et n'ont point de termes assez vifs contre ceux qui le recherchent sous notre soleil ; ceux-là rêvent et entrevoient le bonheur dans l'au-delà d'une autre vie ; ils immolent à cette foi et à cette espérance, toutes les joies périssables. Enfin, la troisième forme sous laquelle se présente le bonheur à l'œil du classificateur, est pareillement à la première, une forme terrestre, non plus actuelle ni présente par exemple, mais se dessinant à l'horizon de notre univers, quotidiennement amélioré et perfectionné par les inventions du Progrès.

Ces trois stades du bonheur peuvent se succéder, chez l'homme, dans l'ordre le plus divers et le plus mobile. Or, dans quelque succession qu'elles apparaissent, Léopardi leur oppose à toutes une négation morne. L'auteur de l'*Infelicita*, le poète de la *Gentillezza del mori*, qui adresse à la mort d'ardentes invocations, nie le bonheur sous ses aspects illusoires d'*amour*, de *gloire littéraire*, de *patriotisme* et de *progrès*. Pour ce qui est du progrès, spécialement, (ici apparaît le philologue passionné et le maître traducteur qui, à l'âge de 17 ans, commentait les Grecs et les Latins, aussi bien que le plus érudit allemand, et de façon à étonner Nieburh lui-même), pour ce qui est du progrès, Léopardi déclarera que le savoir moderne est en baisse vis-à-vis de l'ancien. En s'exprimant ainsi, il aura surtout en vue le savoir purement littéraire et l'usage du parler grec ou latin.

Il est assez piquant de rapprocher de cette négation du progrès par Leopardi, la vive et humouristique diatribe de Schopenhauer, traitant d'amère plaisanterie les prétentions des avocats du progrès. Même dans les arts de la vie — tel est le fond de l'argumentation du philosophe de Francfort — nous ne sommes pas fondés à nous dire en avance ; le monde marche à pas de tortue, depuis l'invention des premiers outils de l'humanité, et la vapeur appliquée à la navigation, pour prendre cet exemple, est, si l'on tient compte du nombre des siècles écoulés, un progrès d'une petitesse ridicule, par rapport à l'invention de la première planche, risquée, avec un lambeau de toile, sur le dos des vagues.

D'autre part, la conclusion de Léopardi n'a rien qui
s'écarte sensiblement de ce pessimisme empirique, que
l'on a pu voir, à travers les âges, cheminer à côté de l'optimisme métaphysique. Il prêche le silence hautain, la résignation froide, et ne tient la vie que pour bonne à être
méprisée.

Par une rencontre étrange, ces deux noms venus de
points si opposés, Léopardi, des marches d'Ancône, et
Schopenhauer, de Dantzig, sont le pivot de formation
composite, sur lequel tourne, en s'étalant au spectateur
surpris, cette doctrine nouvelle : Le Pessimisme. On dési-
rerait savoir lequel de ces deux esprits si différents a pu
influer sur l'autre. Nous ne pouvons offrir là-dessus aux
amateurs de renseignements authentiques et minutiéux que
la coïncidence du voyage de Schopenhauer en Italie en
1818-19, avec la révolution morale qui s'accomplit dans
l'âme de Léopardi vers cette époque. Mais nous n'allons
pas au-delà de cette constatation d'un curieux hasard, et
nous laissons aux faiseurs de comparaisons gràcieuses, le
soin de rechercher s'il n'y aurait point dans le mystère de
la fécondation des idées, quelque chose de pareil à ce que
l'on nous raconte des voyages aériens du pollen.

Quoi qu'il en soit, l'influence — si influence il y a — doit
être placée bien décidément à l'actif de l'Italien, Léopardi
étant mort en 1837, avant que le livre de Schopenhauer fût
arrivé à aucune notoriété. Quant à une rencontre personnelle entre ces deux hommes, elle n'aurait pu se produire que dans une occasion digne de la plus éclatante
ironie d'un Voltaire, c'est lorsque l'on vit ces deux amers
contempteurs de la vie, affolés par la peur du choléra,
fuir chacun sa résidence devant l'approche de l'épidémie.
Toutefois, dans le cas de Léopardi, il ne faudrait point
insister, car le pauvre homme était malade déjà quand il
voulait quitter Naples envahi par le fléau, et aussitôt
il mourut presque subitement de la maladie qu'il portait
depuis longtemps.

VII.

Il a fallu toute l'infatuation et toute la pauvreté modernes, habituées à faire de gros volumes, — je parle des systèmes philosophiques, — avec ce qui tenait une ligne dans les œuvres antérieures, et à traiter de trouvailles toutes neuves, des choses mal lues autrefois ou bien oubliées, pour voir donner le nom de philosophie à l'accident intellectuel ou à la gageure que l'on appelle : Pessimisme. Jusque-là, on avait pris le Pessimisme pour une tournure de l'esprit et une disposition de l'humeur individuels, pour un cas pathologique plus ou moins fréquent dans le monde des mal portants, des timides, des paresseux ou des mécontents *par caractère.* — En effet, dans la réalité, ceux qui auraient tous les droits à être mécontents, astreints aux privations, aux servitudes et aux labeurs pénibles, ceux-là se grisent d'espoirs, d'envies, de haines et de révoltes... mais, au fond, ils ne sont point des Pessimistes, ni dans le sens mondain, ni aux termes de la philosophie nouvelle. Celle-ci recrute les siens dans la classe des riches oisifs, des indépendants de tout devoir, et des excessifs de la pensée.

Non moins justement, on a pu voir dans le Pessimisme une affectation de l'esprit, une pose de l'orgueil, et surtout un procédé littéraire. Dans la presque généralité des dépositions sincères, nous lisons la peur constante de la mort, le sentiment suraigu de l'instabilité des biens, le mauvais état de l'organisme, l'échec répété des tentatives, surtout dans l'ordre de la publicité et de l'amour-propre, la préoccupation et l'analyse raffinée du bonheur, le manque de foi, et l'abus des plaisirs.

Mais tout cela, nous objecterez-vous avec raison, est aussi vieux que le monde. Pourquoi n'est-on pas allé chercher les fondateurs du Pessimisme dans l'antiquité Orientale, ou bien dans l'Hébraïque, ou bien dans la Grecque ou la

Romaine, si riches en dénonciateurs des vanités de la vie ?
Çakia-Mouny, le livre de Job, Salomon, l'Ecclésiaste,
Athènes et Aristote, l'Italie des Césars et ses suicides
résignés, auraient pu fournir à profusion les citations en
prose et en vers et les exemples pratiques. Je ne sais point
si c'est à bon droit, mais l'on a fait intervenir également
dans ces témoignages de l'ancienneté du Pessimisme,
Alexandrie et son *Académie de ceux qui meurent ensemble*,
dont firent partie Antoine et Cléopâtre. Malgré cette
abondance de noms et de textes, j'estime qu'il serait osé et
paradoxal de faire entrer le Pessimisme dans le génie de
l'antiquité, beaucoup plus près de la nature que le nôtre,
beaucoup moins compliqué, surchargé et embrouillé. Le
christianisme, lui, au contraire, a très-vigoureusement, et
avec une franchise souvent extrême, préconisé le mépris de
la vie, l'abandon des plaisirs et des biens terrestres... mais
il l'a fait, dans des limites très-définies, dans une fin très-
claire et très-heureuse — éternellement heureuse par
opposition aux bonheurs si fugitifs d'ici-bas — et que l'on
ne saurait rapprocher de l'abîme insondable et infini de
désespoir où nous convie l'école Pessimiste. A ce sujet des
diatribes violentes de l'Eglise contre la richesse, un spirituel protestant fait remarquer qu'à son avis la chaire chré-
tienne insistera moins sur ce mépris depuis qu'il sert d'une
arme à une philosophie des plus antichrétiennes.

Aussi bien, et pour en revenir à l'affiliation, à l'historique du Pessimisme, que l'on peut faire remonter *littérai-*
rement aux premiers âges du monde, et que l'on retrouve
à chaque siècle dans un beau cri désolé, si Léopardi a l'air
de puiser ses témoignages dans l'antiquité classique,
Schopenhauer procède plutôt de l'antiquité orientale, et
son véritable ancêtre est Cakia-Mouny, celui qui dans la
nuit solennelle, sous le figuier de Gaja, a dit que le mal
c'est l'existence, et conclu à l'anéantissement sans fond,
à la mer sans rivage du Nirvana, afin de délivrer l'homme
des misères de son être.

Tout près de nous, Pascal, un des nourriciers intellectuels de Schopenhauer a dit :

« Le dernier acte est sanglant, quelle que belle que soit la tragédie en tout le reste, on jette enfin de la terre sur la tête et en voilà pour jamais ! »

Voltaire dans son *Candide* et dans son *Tremblement de terre de Lisbonne* révèle, sous deux faces différentes, un pessimisme qui n'était d'ailleurs qu'un jeu de ce fertile et actif esprit. Plus près de nous encore, de Maistre, Chateaubriand, lord Byron ont précédé Léopardi et Schopenhauer, dans leurs amères accusations. Ne doivent-ils pas figurer parmi les précurseurs de la nouvelle philosophie ? Non, parce que ces écrivains-là ont exprimé la tristesse personnelle de politiques effrayés, ou de poètes taris; leurs regards dégoûtés du présent qui se moquait d'eux se retournaient vers le passé, vers l'avenir ou vers l'éternel; mais aucun d'eux n'avait *systématisé* l'universel néant comme Léopardi, ni pris possession de notre société comme Schopenhauer. Aucun d'eux surtout n'avait un instant songé à formuler comme conclusion à ses reproches contre la cause de nos misères, ce terme logique : l'arrêt de la vie.

L'humour de cette boutade — où tout ne prête pas à rire — touchait de trop près au scandale pour ne point recueillir des partisans et pour ne pas amasser ces critiques naïves qui sont la gloire et la fortune des mystificateurs et des extravagants. Le très-malin Schopenhauer, au plus fort de ses enragées tirades contre les femmes et contre le progrès, ne s'abusait pas, j'en répondrais, sur l'avenir du programme, ni même sur la valeur sérieuse du système.

En admettant — toute conclusion pratique momentanément écartée — que le *Pessimisme* soit une façon d'être et d'expression, reconnue et légitime de l'âme humaine, Schopenhauer ne pouvait pas ignorer la loi d'égalité qui régit les dites façons d'être et d'expression. Si l'égalité se trouve quelque part dans notre univers, c'est dans cette république des dispositions natives de notre caractère individuel, qui ne se laisseront jamais ni réduire au silence et moins encore exterminer par quelqu'une d'entre elles. L'esprit de foi èt celui de révolte, la douceur, la brutalité, le mensonge, l'ironie, le respect, l'insensibilité, l'enthousiasme, l'idéalisme et la grossièreté ont toujours fait partie de l'espèce humaine, et se sont toujours et partout affirmés.

Je n'ai pas, je l'avoue, la conception d'aucun progrès qui abolisse ces termes, lesquels sont aussi les facteurs de nos différentes manières de concevoir le bonheur.

Il y a, très-certainement, un bonheur idéal, comme on dit un être de raison, qui est presque toujours en disproportion avec les moyens donnés à l'homme pour y atteindre ; mais, par contre, il y a une variété infinie et innombrable de petits bonheurs, construits par chacun de nous, à notre usage et à notre taille, et d'où il résulte que chacun de nous, en définitive, accepte son lot, l'abdique malgré lui et bien rarement le changerait contre celui du voisin. Dans cette vérité universelle et de tous les jours, je n'ai pas même fait intervenir l'*instinct de conservation*, si lestement récusé par Schopenhauer et son école, comme une nouvelle ruse de l'abominable despote *volonté*.

La même cause d'où est sortie la fortune remarquable du Pessimisme, servira bientôt à expliquer sa ruine et sa mort, en tant que doctrine philosophique. Je veux dire cette érection d'une humeur en système de logique outrancière, et ce décret péremptoire et lugubre qui jette un niveau de communisme sur nos rêves et nos goûts si dissemblables. Est-ce que mon voisin, mon ami, mon frère et moi nous avons le même penchant — et, passez-moi le mot, puisqu'il est exact — le même appétit en matière de politique, d'amour, de travail, de lectures, de plaisir, de cuisine, de sommeil même ? Cette diversité n'est-elle pas le sel de la vie ? Donc nos optimismes et nos pessimismes individuels ne voient rien de même, et un pessimisme général et philosophique est une gageure ou un cauchemar, au même titre qu'un optimisme analogue serait pure niaiserie. Aussi, la doctrine de Schopenhauer ne vivra-t-elle pas, bien que l'Allemagne la protége et que la Russie la pratique. Ces fanatiques imitateurs d'Origène et ces bons incendiaires sont après tout des pessimistes pour de vrai, des pessimistes à l'ouvrage.

Cinquante ans après la publication de ce volume, long-temps ignoré : *Du monde comme volonté et comme représentation*, ou Schopenhauer avait déposé l'œuf de la doctrine, cinquante ans, — pas moins — après cette date historique, c'est-à-dire en 1869, parut l'ouvrage de M. Edouard de Hartmann, le successeur et l'élève le plus distingué de Schopenhauer. Cet ouvrage eut une fortune beaucoup plus rapide que celui du maître ; en effet, il est arrivé en dix années à sa huitième édition, tandis que *Le monde comme volonté et comme représentation* avait attendu depuis 1819 jusqu'à 1844, pour franchir la barrière du second tirage, et que le troisième est seulement de 1859. Le livre de M. de Hartmann est intitulé : *Philosophie des Unbewusten : Philosophie de l'Inconscient*. Ah! l'Allemagne de Leibnitz rompait durement avec ce serein optimisme dont elle s'était laissé bercer jusqu'aux abords des révolutions de 1848.

Que dans la pratique, l'immense majorité des Allemands se rient de l'ascétisme décrété par Schopenhauer, les registres consacrés aux arrivages d'émigrants, dans les bureaux de New-York, sont là pour en témoigner ; mais, dans le champ des entretiens et des discussions, le nom de Schopenhauer a un grand crédit, la doctrine de son continuateur, M. de Hartmann, est très-populaire et l'auteur est célèbre bien que jeune encore. En effet, M. de Hartmann, né en 1842, a trente-sept ans. Ainsi que Schopenhauer et Léopardi, il appartient aux classes élevées et fortunées. Son père était général dans l'armée prussienne. On devine que notre philosophe dut être quel-

que peu soldat. Il entra même comme officier dans le corps
de l'artillerie. Il nous plaît d'apprendre qu'il ne devait
pas être dans la destinée de ce métaphysicien de pointer
des obus contre Strasbourg, Metz ou Paris.

Dès l'âge de vingt-deux ans, c'est-à-dire longtemps
déjà avant la guerre de 1870, M. de Hartmann, grièvement
blessé au genou par suite d'un accident, dut renoncer au
service, et passa plusieurs années dans sa chambre, prison-
nier de la souffrance et de l'infirmité. C'est alors que la
littérature et la philosophie — deux passions d'autrefois
étouffées sous la rigueur des devoirs militaires — se remi-
rent à parler au cœur du malade oisif et renfermé. Il publia
des études critiques sur le théâtre, et même des esquisses
dramatiques, dont nous n'avons rien à dire. En 1869, parut
cette *Philosophie de l'Inconscient* qui donna — toute pro-
portion gardée — à ce valétudinaire de vingt-sept ans,
l'air d'un Pascal Berlinois en bonnet de police. L'analyse
et la traduction des œuvres de M. de Hartmann ont déjà
été faites en français ; il est inutile de recommencer l'ouvrage d'autrui. D'ailleurs, je me suis engagé tout simplement à placer la conscience du lecteur, comme j'ai placé la
mienne, libre de tout conseil, devant une philosophie et
une morale nouvelles ou soi-disant telles. Comme métaphysicien, M. de Hartmann se distingue de Schopenhauer
qu'il rappelle comme moraliste. Au lieu de placer au centre
de la totalité des êtres animés et des choses qui les entou-
rent, le monstre, le despote *Volonté*, M. de Hartmann,
dans sa *Philosophie des Unbewusten* y place l'*Inconscient*,
lequel combine dans une seule essence la volonté et l'idée
—'objet ou représentation, que Schopenhauer ne manque
pas de séparer. Pour le continuateur du maître, la *volonté*
est inséparable d'un objet, l'objet n'est point sans volonté.
Cet *inconscient*, puissance rusée et infatigable — ce qui
serait déjà, pour employer une expression de Schopenhauer : une *contradiction dans l'adjectif* — est la découverte de M de Hartmann, de même que la volonté est la

trouvaille de Schopenhauer. Je simplifie autant que possible les termes, et je vous épargne les *Phénomènes*, les *Noumènes*, le *Tout-Un*, le *Un-Tout*, le *Conscient*, le *Sur-Conscient* et tout le jargon de l'éthique et de la métaphysique allemandes.

Pareillement à Schopenhauer, qui après avoir inventé la *volonté*, est incapable d'en reconnaître et d'en décrire la substance, M. de Hartmann ne saurait non plus nous rendre compte de ce mystère : la présence, parmi l'universel inconscient, de la conscience personnelle, qui, non-seulement pense, calcule, se souvient, mais qui aussi, — merveille insondable ! — sait qu'elle pense, compare ses imaginations avec ses souvenirs et ses raisonnements, s'étonne d'elle-même et de sa destinée, et s'analyse sans cesse. Si d'aventure, M. de Hartmann essaye d'expliquer cet impénétrable secret, il se noie et nous avec lui, dans l'illisible. La morale de M. de Hartmann aboutit, comme celle de Schopenhauer, à un cri de détresse sans salut, sans espoir, par une chaîne ou plutôt une série de peintures désolantes. Seulement, il ne procède point à la façon de son devancier ; ce n'était point la peine de redire des choses déjà bien entendues. Il n'affirmera pas que tout plaisir est négatif, il ira même jusqu'à reconnaître positivement l'existence réelle d'un certain nombre de biens en ce monde ; mais, se faisant en quelque sorte le syndic de la grande faillite des espérances et des illusions humaines, il déclare que la somme de nos plaisirs et de nos biens devient imperceptible ou dérisoirement petite, si on la compare à celle de nos maux. Il formule cela assez bizarrement : « Ce monde est aussi bien organisé qu'il pouvait être, mais tel qu'il est, il est abominable. » Devant cette supériorité littéralement écrasante de la peine et de la douleur sur la joie, la vie doit être considérée sans réserve comme le mal, il faut renoncer à l'entretenir ; bien plus, il faut la supprimer, — non point par l'ascétisme, moyen douteux qui laisse toujours à redouter la trahison d'un faux-frère, —

mais, par une sorte de suicide universel, aussitôt que le permettront les progrès de la science. Le succès, on peut dire la vogue de M. de Hartmann, doit être reporté surtout à la verve continuelle et un peu brutale de l'auteur dans son assaut contre toutes les forteresses jusque-là officielles du bonheur. Le progrès, la science, la gloire, s'émiettent sous les coups redoublés de cet intraitable assaillant. Mais, c'est la femme surtout et l'amour qui lui servent de point d'attaque et de cibles préférés. Dans ce sujet, compréhensible pour tous et d'un intérêt inépuisable, il apporte un style audacieux qui a enlevé la victoire. Il examine, sans réserve et sans voiles, l'amour à tous ses degrés et dans tous ses personnages, depuis le tranquille et le vertueux jusqu'au libertin, en passant par le passionné et le joyeux. L'histoire de l'amour est toute dans les crimes et les débauches dont il a semé la surface de la terre, son roman dans les rivières et dans les réchauds, sa vraie littérature dans les dossiers des cours d'assises.

Voilà pour l'amour libre, indépendant et passionné. Légitimé par la société et la religion, en un mot consacré par le mariage, l'amour est-il d'ordinaire plus heureux? Combien d'unions bonnes, répondra M. de Hartmann, même parmi celles infiniment rares, d'ailleurs, qui reposent sur l'inclination et le choix mutuels? L'ex-artilleur est, on le voit, plus rigoureux encore que l'amer La Rochefoucault, qui avait dit : « Il y a peut-être de bons mariages, il n'y en a pas de délicieux. » M. de Hartmann penche plutôt vers l'opinion de Lessing : « Il n'y a qu'une méchante femme au monde, par malheur chacun dit que c'est la sienne. » — Les femmes, répétera-t-il avec l'Indien, que nous font les femmes? elles ont les cheveux longs et les idées courtes. »

Après avoir bien médité là-dessus, après avoir écrit et lancé dans le monde ces sages réflexions, M. de Hartmann se maria.

VIII.

Pas plus que Schopenhauer, le jeune militaire philosophe n'a dû se faire la moindre illusion, ni sur la
stérilité, l'impuissance de son système et ses contradic-
tions, ni sur la valeur et la durée de ses théories. On les
a comparés tous deux à ces amants dont ils parlent, qui,
tout en n'ignorant pas les calamités promises à leurs
descendants, sont poussés vers l'amour par le génie de
l'espèce. De même, ils ont été réduits à *philosopher* et à
systématiser, tout en devant prévoir, à courte échéance,
la ruine de leur œuvre. Ce qui nous prouve, d'ailleurs,
que nous ne sommes pas sur un terrain solide, mais sur
une pente favorable aux glissades et aux culbutes, c'est
la progression accélérée des attaques contre le bon sens.
Voici venir l'excellent M. Bahnsen, qui ne croit pas
même, lui, à la vertu de l'anéantissement comme remède
aux malheurs de l'être.

« Cet homme, assurément, n'aime pas la musique. »

Après celui-là, par exemple, on se regarde et l'on
demande de l'air. De la résignation méprisante prêchée
par Léopardi, de l'ascétisme recommandé par Schopenhauer, de M. de Hartmann avec son suicide cosmique,
à cet abîme sans fond et sans rives, on nous a fait
marcher trop vite; nous crions « assez » et nous nous
arrêtons pour voir Dieu nous sourire à travers les étoiles.
Je n'ai point parlé d'une diversion passablement optimiste, — mais optimiste à la façon de notre Béranger et
du Dieu des bonnes gens, — qui s'est produite, ainsi
qu'il fallait s'y attendre, et que le voulait la nature des
choses, au sein même de cette nuit sombre et san-
glante d'un Pessimisme tragique. Il est question d'un

certain M. Tauber, lequel déclare : puisque tout va le plus mal possible, (vérité sans conteste), il reste à l'homme une seule chose à faire, c'est de s'en arranger au mieux de ses moyens. » Ce M. Tauber nous paraît être ce que l'on appelle, en langue boulevardière, un « malin » qui voit seulement dans le Pessimisme un éperon à boire... à la coupe de la vie.

Il y aurait, ce nous semble, quelque pédanterie à entreprendre une réfutation en règle d'une soi-disant philosophie qui ne nous paraît pas moins pécher du côté de la bonne foi que de l'autorité, du moins en tant que système de raisonnement et programme de conduite. Car, sur le terrain de l'esprit, de l'humour, de la juste satire et même de certaines colères, nous sommes prêts à faire les plus larges concessions, en particulier à Schopenhauer. Que la somme des chagrins l'emporte sur celle des joies, nous le savons tous ; que la maladie nous arrive à cheval et nous quitte à pied, que tout soit chez nous porte ouverte à la douleur et au regret, nous n'y contredisons point ; c'est le lot éternel des fils d'Adam, et rarement l'on a vu pour ces causes l'homme se tuer. Mais que l'auteur prétende tirer de sérieux arguments, à l'appui de *sa campagne*, contre le *vouloir vivre*, de ce fait que la souffrance est en raison de la supériorité intellectuelle, et de cet autre fait que nul plaisir ne vaut l'effort... alors nous protestons. L'acuité de perceptions propre à la plus grande finesse du cerveau et à la culture plus élevée de l'esprit, comporte des plaisirs plus vifs si elle implique des malaises plus aigus ; de ce côté il y a donc compensation ou, si mieux l'on aime, neutralisation. Avant tout, nous ne voudrions rien accepter d'une philosophie en méfiance contre l'élévation de l'âme et de l'intelligence. D'autre part, l'idée de prétendre que nul plaisir ne vaut l'effort qu'il coûte, se trouve être, au lieu d'un argument propice à cette philosophie, l'arme qui la renverse le plus rapidement. Déjà, vous reconnaissez donc à l'effort un mérite supérieur à celui du plaisir ; de là, pour nous, à juger que vous faites une étrange confusion, et que, grâce à la succession du plaisir et de l'effort, nous nous trouvons en présence de deux biens au lieu d'un mal, la distance serait courte à franchir, sans qu'il fût besoin, pour cela, d'être un optimiste béat, mais seulement un observateur des agissements quotidiens de la grande généralité des hommes. Ranger parmi les causes faites pour nous dégoûter de la vie : l'action, cette joie, l'effort, ce contentement, et l'élévation intellectuelle, ce sont là de si pauvres trouvailles, qu'elles pourraient, à un lecteur superficiel, donner une idée insuffisante des talents philosophiques de Schopenhauer. Dans ses boutades contre les femmes, si on les détournait un peu de leurs retours constants vers le génie de l'espèce, on pourrait voir l'indignation prophétique d'un penseur, contre l'invasion, (plus menaçante qu'on ne le croit pour la civilisation et la société), de ces peuplades de femmes galantes, dans le monde moderne.

Un dernier mot relativement à la théorie du malheur et du bonheur selon Schopenhauer. Le suffrage universel, — c'est un argument que l'on respecte aujourd'hui, celui-là, — le suffrage universel, dis-je, non point d'un pays, d'une époque où d'un continent, mais de l'univers entier et de tous les siècles s'élèverait sans doute contre la négation des réelles misères attachées à la condition humaine ; mais il proteste non moins vigoureusement contre toute tentative de supprimer nos bonheurs, ou de les niveler, ou de les refondre dans une cuve commune. Ce même suffrage universel de la conscience de l'humanité repousse absolument l'idée, non pas de l'égalité, mais de la ressemblance devant le bonheur.

Il serait trop facile d'emprunter d'autres arguments contre la sombre mystification du Pessimisme, à ce qui fait l'honneur même et la solidité de notre espèce. Qu'est-ce que cette morale qui ne nous parle jamais d'idéal, de

devoir, de tendresse, de dévouement, de charité, de famille, d'amitié, d'espérance ni de vertu ? Nous ne sommes pas ici en présence de savants, faisant comme ils
disent, de la science, en confidence avec la nature, et ne
s'inquiétant pas des suites sociales ou théologiques de
leurs découvertes. Nous sommes devant les rédacteurs,
très-présomptueux, mais point sérieux, d'un décret qui
intéresse chaque individu en particulier. Chacun a déjà
répondu. Les hommes de foi et de croyances, loin d'être
ébranlés, ont souri, et franchement il y avait de quoi,
lorsqu'au bout de ces railleries méprisantes et de ces ex-
plications profondes ils ont vu les piteuses figures de
Schopenhauer et de Hartmann, tous deux incapables de
nous dire un seul mot raisonnable, l'un sur la nature et la
substance de la *volonté*, l'autre de nous expliquer la conscience personnelle *qui se sent* dans le vaste inconscient
ru sé.

Pour me refaire de ces indigestions allemandes, j'ouvre
Montesquieu et je lis :

« Ceux qui ont dit qu'une fatalité aveugle a produit
tous les effets que nous voyons dans le monde, ont dit une
grande absurdité ; car quelle plus grande absurdité
qu'une fatalité aveugle qui produit des êtres qui ne le
sont pas. »

Cela est pour vous, M. de Hartmann. Réponse, s'il
vous plaît.

Et plus loin ce trait que l'on dirait par avance dédié à
Schopenhauer :

« Quand nous parlons du bonheur ou du malheur,
nous nous trompons toujours parce que nous jugeons des
conditions et non pas des personnes. »

On nous aurait mal compris, si cette rapide étude était
tenue pour l'œuvre d'un *satisfait*, insensible à toute dou-

leur située au-delà de ses propres émotions. Autant que le plus anxieux, nous avons subi toutes les inquiétudes de l'organisme et de la pensée, et tout ce qu'une recherche dans les doutes et les ténèbres, entre les ardents appels et les négations farouches, peut jeter d'épines dans l'âme. Ce sentiment de la disproportion entre l'homme et sa destinée — fondement à la fois de l'Humour et du Pessimisme — ne nous est pas resté plus étranger qu'à tout homme qui pense et se connaît ; mais au lieu du désespoir et de l'anéantissement, nous voyons au bout de cette lutte toutes les clartés de l'idéal. Il ne faudrait point modifier sensiblement l'une des deux grandes lignes de la philosophie de Schopenhauer , c'est-à-dire celle qui traite de notre cerveau et du monde comme relatifs l'un à l'autre, pour arriver à une conclusion analogue.

D'ailleurs, il n'est point à craindre que le Pessimisme de Schopenhauer et de M. de Hartmann, répande ses pratiques parmi la généralité des hommes. C'est une mode, une curiosité philosophique, éclose chez une puissante nation qui aimerait, semble-t-il, à faire rire ceux qu'elle avait jadis fait rêver. Et puis, j'y insiste, n'oublions pas la part de littérature. Aux deux pôles de l'affectation littéraire, nous avons vu les *pessimistes* et *les impassibles*. Ni les uns, ni les autres, n'ont de racines dans l'humanité, et ils disparaîtront, en laissant à peine le souvenir de leurs prétentions stériles.

APPENDICE BIBLIOGRAPHIQUE.

Bien que je me fusse promis de limiter ce travail rapide à l'exposé de la question et à l'analyse toute simple des émotions, si l'on peut dire, de la conscience libre devant une doctrine philosophique, je dois prévoir et prévenir tels désirs de lecteurs, curieux de suivre tout au moins l'historique des principaux écrits parus en France, sur les fondateurs du Pessimisme allemand. Parmi les plus anciens, je citerai les articles de M. Franck dans le *Journal des Débats*, et une étude de M. Dollfus, recueillie dans son volume : *Français et Allemands*. Depuis lors, la plupart de ceux qui ont traité, chez nous, cette question, se sont inspirés plus ou moins franchement de Frauenstaedt, sur la brèche depuis vingt ans en l'honneur de son maître, de Lindner, de Gwinner, de Haim, etc. On nomme, toutefois, deux de nos compatriotes qui ont vu Schopenhauer à Francfort et qui ont été reçus par lui. Je parle de MM. Foucher de Careil et Challemel-Lacour. Tous deux ont écrit leurs impressions sur Schopenhauer, l'un dans un gros volume ; l'autre, — c'est M. Challemel-Lacour que je veux dire, — dans un article de *Revue*. Cet article, écrit le sourire du scepticisme aux lèvres, et avec la coupante et froide ironie qui est la manière de l'auteur, est très-agréable à lire. Il débute par d'ingénieuses considérations sur la différence de tenue qui se manifeste entre les philosophes d'autrefois, — vrais grotesques de la rue, — et ceux d'aujourd'hui, *gentlemen* irréprochables. Il nous montre ce qu'il y a de personnel dans tout système philosophique, ainsi que dans toute autre œuvre littéraire, poème, roman, etc... Il décrit l'humeur noire envahissant la philosophie, comme elle avait pénétré dans la littérature des *René*, des *Werther*, des *Manfred* et des *Rolla*. Ensuite, il nous explique comment, après la révolution de 1848, l'Hegélianisme sombra tout-à-fait, comment Fichte et Schelling partagèrent le discrédit de Hegel, et comment la place se trouva fort à point vide et nette pour Schopenhauer. L'auteur ajoute un intéressant parallèle entre les destinées du Positivisme et du Pessimisme, si différents, et l'on peut même dire si opposés dans leurs conceptions de l'humanité, relativement au bonheur. M. Challemel-Lacour termine son travail par le récit de sa visite à Francfort, le compte-rendu de boutades et de paradoxes que Schopenhauer rééditait là sans doute pour la millième fois, et une rapide analyse de la philosophie de celui qu'il appelle un *Boudhiste contemporain*, et que M. Bourdeau, moins révérencieux, appelle : un *Boudhiste de table d'hote*. Le spirituel article de M. Bourdeau, publié dans le *Journal des Débats*, renferme une analyse de la biographie de Gwinner. On s'étonne de ne point trouver le nom de M. Renan parmi les écrivains qui se sont occupés de Schopenhauer. Cependant, M. Renan, virtuose renommé et philosophe flottant, nous a joué un air sur le *Pessimisme* dans *ses dialogues philosophiques*. Avec lui, la *Volonté* de *Schopenhauer* et l'*Inconscient* de *Hartmann*, deviennent un *grand Égoïste* qui nous trompe. M. Soury, dans ses Portraits du XVIIIe siècle, nous donne une étude sur Schopenhauer et sa philosophie, inférieure à l'article très-

intéressant (et aussi clair que le comportait le sujet) de
M. Reville sur M. de Hartmann. Dans une autre revue
française, un critique a entrepris une étude sur le Pessimisme, dont le ton rogue de pédant aigri, fait la lecture
déplaisante. Ce critique, d'ailleurs, traite également de
haut M. Challemel-Lacour et M. Caro. Il nous apprend que
M. Charles, notre ancien professeur de philosophie, a,
dans un dictionnaire spécial, consacré un article au
Pessimisme. Il fait d'assez justes et tristes remarques
sur la responsabilité des programmes politiques dans
la formation du Pessimisme, et il retrace la longue liste,
déjà connue, des Pessimistes, depuis Çakia-Mouni jusqu'à Schopenhauer, en passant par Salomon, Diogène,
Lucrèce, Calvin, les Jansénistes, etc.

Un homme du plus rare talent, l'honneur de nos écoles
et de nos académies, M. Caro, a fait un livre exquis avec
ces matériaux étranges et pénibles. C'est proprement un
petit chef-d'œuvre de diction, en même temps qu'un *éclat*
de l'esprit français d'aujourd'hui, et l'on ne sait qu'y louer
le plus de l'exposition brillante ou de l'énergique réfutation.
L'auteur pose d'abord la question du *pessimisme* dans
l'histoire, depuis les premiers *désolés* de la littérature,
jusqu'à la crise cérébrale d'aujourd'hui. Il démontre, par
des noms et des exemples, l'apparition périodique de ce
phénomène, (à l'état individuel), dans les plus célèbres témoignages écrits de la mélancolie, du vide et du
découragement. L'espace nous manque, et nous le regret-
tons vivement, pour analyser ce voyage dans l'antiquité
classique, cet exposé minutieux du réquisitoire de
Léopardi contre les « trois Stades » du bonheur, et de la
théorie de Schopenhauer, qui voit dans « l'effort » et dans
l'élévation sur l'échelle des êtres, le témoignage de notre
misère. Sur ce terrain, le philosophe français combat le
francfortois (puisqu'il ne veut pas qu'on le prenne pour
allemand) avec une escrime serrée et éblouissante, et il le
transperce à tous « les trous » de cette doctrine péremp-

toire, étroite et lugubre, qui voit un seul aspect des principes qu'elle pose, et demeure aveugle et sourde aux mérites les plus éclatants de la vie.

L'illustre auteur nous donne *son* explication de la naissance et des progrès du Pessimisme en Allemagne, et, en même temps, son opinion sur l'avenir de cette philosophie. Sur le premier point, nous ne serions pas du même avis. Le célèbre *chimiste*, qui lui a prêté sa théorie des « *pays à bière* », est un chimiste qui s'est trompé, et je voudrais bien que ce savant prévenu nous traçât la ligne de démarcation. Pour moi, je m'en tiens à la grande part d'*affectation* et de *littérature*. M. Caro, dont l'ouvrage est le plus fin qui ait été écrit sur la matière, s'étonne de voir une maladie individuelle, un fait d'humeur, parfois capricieuse, se généraliser et se systématiser justement à notre époque d'activité, de « *fulness of life* » comme diraient les Anglais. Pour ma part, je serais plus disposé à comprendre le Pessimisme, justement à une époque où la politique, déchaînée comme la pire des pestes, veut tantôt nous dérober le passé, tantôt nous ensanglanter l'avenir, et, dans l'intervalle, empoisonne toutes les espérances de nos travaux, non plus jugés selon leur mérite, mais selon le succès des partis, gâte tout commerce avec nos anciens amis, corrompt les notions les plus saines et les plus simples, et sape, à coups doux et continuels, les fondations mêmes de la vérité. J'ai dit *la* Politique. J'avais le droit d'en parler comme d'un fait général de l'humanité, qui relève du psychologue et du moraliste. Pour le reste, Plutarque nous a dit déjà que « l'on ne saurait vivre heureux selon la doctrine épicurienne ». Si l'on étouffe l'*idéal*, si l'on supprime l'*au-de-là*, aussitôt le *Pessimisme* se produit, et j'ajoute qu'il *s'explique*.

Un anglais, très au courant de la question, M. James Sully, a publié à Londres, en 1877, un volume rempli de faits, de noms et d'idées, sur le Pessimisme. Une dame anglaise, Miss Helen Zimmern, est l'auteur d'un savant essai sur Schopenhauer, sa vie et sa philosophie. En Italie, M. de Sanctis s'est occupé de Schopenhauer et Léopardi. J'ai dit qu'il fallait renoncer à établir l'énorme bibliographie allemande sur ce sujet. Frauenstaedt et Gwinner restent, d'ailleurs, les plus en vue et les plus utilement consultés.

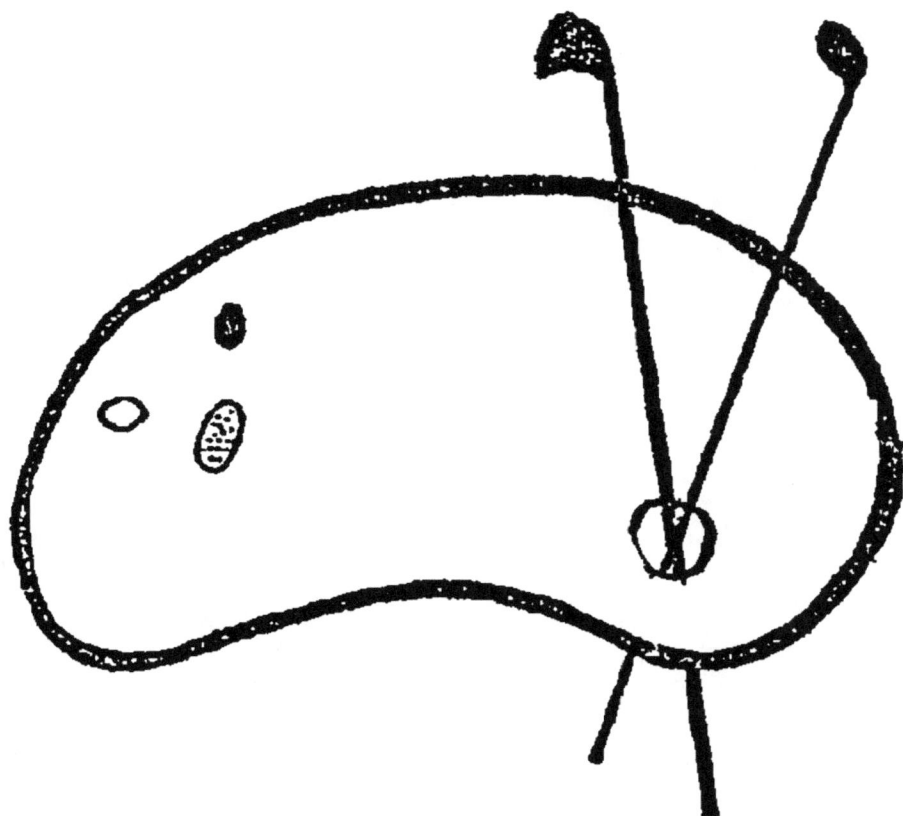

ORIGINAL EN COULEUR
NF Z 43-120-8

www.ingramcontent.com/pod-product-compliance
Lightning Source LLC
LaVergne TN
LVHW022156080426
835511LV00008B/1433